DECLARATION DV ROY, PAR LAQVELLE

tous les habitans & autres persõnes qui sont de present és villes de la Rochelle, & S. Iean d'Angely, & tous ceux qui les fauoriseront, sont declarez Criminels de leze Maiesté: Auec iniõction à tous ses subiects de la Religion pretenduë reformee, de faire protestation de n'adherer en aucune sorte à l'assemblee de laditte ville de la Rochelle, ny à toutes autres qui se sont tenuës & tiẽnent sans expresse permission de sa Maiesté.

Publiee en Parlement le 7. Iuin 1621.

A PARIS,
Par FED. MOREL, & P. METTAYER,
Imprimeurs ordinaires du Roy.
M. DCXXI.
Auec priuilege de sa Maiesté.

LOVIS PAR LA GRACE DE DIEV, ROY DE FRANCE ET DE NAVARRE, A tous ceux qui ces presentes Lettres verront, Salut. Le desir que nous auons tousiours eu de conseruer le repos & la tranquillité publique parmy nos subiects, & d'empescher les maux & desolations que la leuee des armes apporte ordinairement, & les oppressions & calamitez que les peuples en reçoiuent, Nous a faict tolerer & souffrir auec beaucoup de patience depuis plusieurs mois en ça les excez, desobeïssances & rebellions qui ont esté commises en plusieurs villes de nostre Royaume par aucuns de nos subjets, faisans profession de la Religion pretendue reformee, Mesmes en celles de la Rochelle, Montauban & autres, où se sont tenues & se tiennent encores des Assemblees illicites, qui se sont plustost employees à former des estats populaires & republiques qu'à se conseruer dans l'obeïssance à laquelle ils nous sont naturellement obligez, Ayans mesmes faict grauer vn Sceau, souz lequel & souz les signatures des principaux desdites Assemblées, ils ont lasché diuerses Ordonnances, decrets, mandemens & commissions portans pouuoirs à des particuliers de commander aux Prouinces & villes, leuer les deniers de nos Finances & receptes, faire leuees d'hommes, d'armes & d'argent : fondre canon, enuoyer aux Prouinces & Royaumes estrangers, & autres semblables actions qui sont assez paroistre vne entiere rebellion & sousleuation ouuerte contre nostre auctorité: Dequoy ayans eu quelque cognoissance dés le mois d'Auril dernier, Et sçachant qu'ils prenoient pretexte de se porter à ces desordres, par le peu de seureté qu'ils disoient auoir de leurs personnes, & de la liberté de leurs cõsciences, Nous voulusmes par nostre Declaration du vint-quatriesme dudit mois d'Auril leur dõner toute asseurance de nos bõnes inclinations à l'endroit de ceux qui demeureroiẽt en leur deuoir: & les prenans en nostre protection & sauuegarde particuliere, faire cognoistre que le voyage que nous nous preparions de faire en ces quartiers de deçà, estoit plustost pour nous, approchãs des lieux où ces insolences se commettoient, y restablir & faire paroistre nostre auctorité à la confusion de ceux qui se trouueroiēt coulpables, Que pour vser d'autre plus grande rigueur, ny nous seruir du pouuoir que Dieu a mis en nos mains pour le chastiment de telles insolences. Mais tant s'en faut que cela leur ait ouuert les yeux pour les ramener à ce qui est de leur deuoir, que la plus part d'entre-eux continuans en leurs mauuaises volontez se portent ouuertement à la rebellion, & mesmes commettent toutes sortes d'hostilitez contre ceux qui n'y adherent auec eux: Publians ne recognoistre autre chef que l'Assemblee qui est dans la Rochelle, Laquelle a faict à present retrouuer à sainct Iean d'Angely plusieurs gens de guerre leuez sous leursdites Commissions qui font contenance de se vouloir opposer à nostre passage dãs ladite Ville, & nous en vouloir empescher l'entree par la force des armes. Ce qui nous oblige voyant mesme que ce desordre est suiuy en plusieurs autres villes de nostre Royaume, de nous mettre en estat d'en chastier les autheurs selon leurs demerites, & d'employer à cét effect auec les voyes ordinaires de la Iustice, les moyẽs que Dieu a mis en nos mains pour la manutention de nostre auctorité. Et afin que tous nos sujets & specialement ceux qui font profession de ladite Religion pretendue reformee ne puissent estre abusez du faux pretexte dont ladite Assemblee se sert pour les destourner de leur deuoir, Et que les vns & les autres soiẽt informez de nos intentions & volontez sur ce sujet; NOVS de l'aduis des Princes, Ducs, Pairs, Officiers de nostre Couronne, & principaux de nostre Conseil, AVONS dit & declaré, disons & declarons par ces presentes, Qu'en confirmant nosdites Lettres patentes dudit vingt-quatriéme d'Auril dernier, Nous auons pris & mis, prenons & mettons en nostre protection & sauuegarde speciale, Tous nos sujets de ladite Religion pretendue reformee, de quelque qualité & condition qu'ils soient qui demeureront & se contiendront dans nostre obeissance, & sous l'obseruatiõ de nos Edicts, lesquels Nous voulons aussi faire soigneusement obseruer en leur faueur. MAIS voyans les rebellions manifestes qui se commettent en nostredite Ville de la Rochelle, tant par l'assemblee qui y est tousiours subsistante contre nos defenses expresses, que par le corps de Ville, Bourgeois & habitans

tans d'icelle, comme auſſi ce qui ſe paſſe en noſtre ville de ſainct Iean d'Angely,& les actes d'hoſtilité qu'ils commettent iournellement contre noſtre propre perſonne, NOVS hauons declaré & declarõs tous les habitans &autres perſonnes de quelque qualité qu'ils ſoiẽt qui ſont à preſent demeurans, refugiez ou retirez dans la Rochelle & ſainct Iean d'Angely, & tous autres qui les fauoriſeront directement ou indirectement, & qui auront accez, intelligence, aſſociation & correſpondance auec eux, ou qui recognoiſtront en quelque ſorte que ce ſoit ladite aſſemblee de la Rochelle, ou les autres aſſemblees, cercles,abregez, cõſeils de Prouinces, ou autres cõgregatiõs qui ont correſpondance auec celle de la Rochelle, & qui ſe tiennent ſans noſtre expreſſe permiſſion, relaps, refractaires, desobeïssans & criminels de leze Majesté au premier chef, & comme tels leurs biens nous estre acquis & confisquez: VOVLANS qu'il soit procedé contre eux selon la rigueur des Loix & Ordonnances, par saisies de leurs personnes, annotations de leursdits biens, & autres voyes ordinaires & accoustumees en tel cas: Declarans aussi nosdites villes de sainct Iean d'Angely, la Rochelle, & toutes autres qui leur adhereront & se porteront auec elles aux mesmes crimes & desobeïssances, priuees & descheuës de tous octrois, priuileges, franchises & autres graces qui leurs pourroient auoir esté concedees par les Roys nos predecesseurs ou par Nous. Et afin que nous puissions discerner & recognoistre les bons d'auec les mauuais, Nous voulons que tous nosdits subjets faisans professiō de ladite Religion pretenduë reformee, Tant gentilshommes que autres de quelque qualité qu'ils ſoient, & meſmes les Villes & Communautez de ladite qualité, facent Declaration dans les Sieges Preſidiaux, Bailliages & Seneſchauſſees de leur reſſort, des bonnes intentions qu'ils auront à noſtre ſeruice, Et qu'en icelles ils facent renonciations & deſadueuz, & proteſtent de n'adherer en aucune ſorte à ladite aſſemblee de la Rochelle, ny à toutes autres aſſemblées, conſeils de Prouinces, abregez, cercles, & autres qui (comme dit eſt) ſe ſont tenus & tiennent ſans noſtre permiſſion expreſſe, & qu'ils ſe veulent oppoſer auec Nous à toutes les reſolutiõs qui y pourroient auoir eſté priſes, dont ils retirerõt les actes qui pourront eſtre neceſſaires à leur deſcharge: Comme auſſi Nous defendons tres-expreſſément à tous gentils-hommes & autres de permettre à leurs enfans, domeſtiques ou autres dependans d'eux, d'aller dans leſdites Villes, ny y preſter confort & aſſiſtance aucune, ny donner logement ou retraicte dãs leurs maiſons à ceux qui iront ou conuerſeront en quelque façon que ce ſoit, ſur peine d'eſtre tenus coulpables de meſme crime. MANDANT & enioignant tres-expreſſément à tous Baillifs, Seneſchaux, Preuoſts, Iuges ou leurs Lieutenans, Vis-ſeneſchaux, Preuoſts de nos Couſins les Conneſtable & Mareſchaux de France, Et à tous nos autres Officiers qu'il appartiendra, de proceder exactement & ſoigneuſement contre les perſonnes & biens de ceux qui auront encouru ledit crime, & à nos Procureurs generaux & leurs Subſtituts, de faire ſur ce les pourſuites, requiſitions & diligences qui dependent de leurs charges, ſans auoir eſgard à aucunes ſauuegardes ou autres aſſeurances qu'ils pourroient auoir obtenues de Nous ſous faux donné à entendre ou autrement, ſi ce n'eſt que leſdites ſauuegardes fuſſent en Lettres patentes, ſcellées de noſtre grand Sceau, Et que dans icelles il fut expreſſément exposé la permiſſion que nous leur aurions dõnée d'aller ou frequenter dans leſdites villes rebelles.

SI DONNONS EN MANDEMENT à nos amez & feaux, Les gens tenans nos Cours de Parlement & Chambre de l'Edict, Que ces preſentes nos Lettres de Declaration, ils facent lire, publier & enregiſtrer, chacun endroit ſoy : Et le contenu en icelles garder & obſeruer exactement ſelon ſa forme & teneur. Enioignans à nos Procureurs Generaux & leurs Subſtituts d'y tenir ſoigneuſement la main, Et de faire toutes pourſuittes & diligences pour ce requiſes & neceſſaires: CAR tel eſt noſtre plaiſir. EN TESMOIN dequoy nous auons faict mettre noſtre ſeel à ceſdites preſentes.

DONNEES à Nyort le vingt-ſeptieſme iour de May, l'an de grace mil ſix cens vingt & vn, & de noſtre regne le douzieſme.

Signées, LOVIS.

Et ſur le reply, Par le Roy.

DE LOMENIE.

Et ſeellees du grand ſceau de cire iaune ſur double queuë.

Et ſur ledit reply eſt encore eſcrit:

Leuës, publiees & Regiſtrees, ouy & ce requerant le Procureur General du Roy.

Et ordonné que coppies d'icelles collationnées seront enuoyees aux Bailliages & Seneschaussees de ce ressort, pour y estre semblablement leuës, publiees, registrees, & executees. Enjoint aux Substituts dudit Procureur General tenir la main à l'execution d'icelles, & en certifier la Cour au mois, à peine d'en respondre en leur propre & priué nom. A Paris en Parlement le septiéme Juin mil six cens vingt-vn.

Signé, DV TILLET.

Sommaire du Priuilege.

PAR Lettres patentes du Roy, données à Paris le vingt-deuxiesme iour de Feurier, mil six cens vingt, signees LOVIS, & sur le reply, Par le Roy, DE LOMENIE, & scellees du grand scel dudit Seigneur, en cire iaulne, sur double queüe: verifiées, tant en la Cour de Parlement, Chambre des Comptes, Cour des Aydes, Chastelet de Paris, qu'au Bailliage du Palais: Il est permis à Federic Morel, & Pierre Mettayer ses Imprimeurs ordinaires, d'imprimer, ou faire imprimer, vendre & debiter tous Edicts, Ordonnances, Mandemens, Lettres patentes, comme aussi tous Arrests, tant de son Conseil, que de ses Cours, sans qu'autres Libraires & Imprimeurs les puissent imprimer ne faire imprimer, vendre ne distribuer, en quelque sorte & maniere que ce soit, sur peine de cinq cens liures d'amende. Voulant au surplus, que tout ce qui se trouuera imprimé de ce que dessus, par autres que lesdits Morel & Mettayer, soit saisi & cancelé comme nul & faulx, & faict contre son auctorité & commandement.

www.ingramcontent.com/pod-product-compliance
Lightning Source LLC
LaVergne TN
LVHW010336230826
846091LV00009B/3890

* 9 7 8 2 3 2 9 4 6 1 5 5 7 *